PANÉGYRIQUE

DE

SAINTE BARBE

VIERGE MARTYRE

PRONONCÉ DANS L'ÉGLISE PAROISSIALE

DE SAINT-JULIEN-SUR-SURAN

(JURA)

LE 5 DÉCEMBRE 1887

PAR M. L'ABBÉ ED. DE BRANGES

(Au profit de la confrérie de Sainte-Barbe, érigée dans l'église
de Saint-Julien.)

DOLE

TYPOGRAPHIE CH. BLIND

1888

PANÉGYRIQUE

SAINTE BARBE

VIERGE MARTYRE

PANÉGYRIQUE

DE

SAINTE BARBE

VIERGE MARTYRE

PRONONCÉ DANS L'ÉGLISE PAROISSIALE

DE SAINT-JULIEN-SUR-SURAN

(JURA)

LE 5 DÉCEMBRE 1887

PAR M. L'ABBÉ ED. DE BRANGES

(Au profit de la confrérie de Sainte-Barbe, érigée dans l'église
de Saint-Julien.

DOLE

TYPOGRAPHIE CH. BLIND

1888

PANÉGYRIQUE

DE SAINTE BARBE

Non coronabitur nisi qui legitimè certaverit.

Celui-là seul sera couronné qui aura légitimement combattu.

(2ᵉ épitre de saint Paul à Timothée; ch. ii. v. 5).

Mes bien chers Frères,

Lorsqu'un vaillant soldat a mis en fuite de nombreux ennemis, après leur avoir fait subir des pertes sérieuses ; — lorsqu'à la suite de ses exploits, il rentre dans sa patrie, couvert de gloire et chargé d'un riche butin, qui pourrait redire les acclamations qui retentissent sur son passage ? De toutes parts il reçoit les félicitations de ses compatriotes. Les plus hautes récompenses lui sont décernées. Sa renommée s'étend au loin, et plus il a éprouvé d'obstacles à assurer la victoire, plus son triomphe est glorieux et sa mémoire bénie. Et pourtant, mes bien chers frères, il ne s'agit ici que d'une victoire temporelle. Quelle que soit la joie qu'éprouve cet heureux vainqueur, en se voyant l'objet des applaudissements unanimes de ses concitoyens ; quelque riches et honorables que soient les récompenses qu'on lui accorde, tout cela doit avoir un terme, et tôt ou tard, la mort, en venant le frapper, mettra fin à son bonheur ; et l'oubli de ses exploits, et même de son nom, se fera peu à peu dans la mémoire des hommes.

Les saintes Ecritures nous enseignent que la vie de l'homme ici-bas est une guerre continuelle ; que le démon, comme un lion rugissant, est toujours prêt à fondre sur nous, et que, si nous n'y prenons garde, nous deviendrons infailliblement sa proie. Or, le démon a, pour principal agent de ses infernales machinations, le monde, dont les maximes trompeuses ne sont que trop en désaccord avec les maximes de l'Evangile ; dont les faux plaisirs ne font, hélas ! que trop de victimes, et qui, pour nous maintenir dans son rude et honteux esclavage, sait employer les moyens les plus rigoureux. Mais si l'âme véritablement chrétienne est fidèle à la foi de son baptême, elle sera semblable à un vaillant soldat, qui dispute, pied à pied, à l'ennemi le sol de la patrie, et, après avoir courageusement lutté sur cette terre, elle recevra du juste juge une récompense d'autant plus grande qu'elle sera immuable et éternelle.

La vie de l'illustre Patronne dont vous êtes venus, en ce jour, chanter les louanges, ne nous offre-t-elle point l'admirable spectacle d'une lutte constante contre le monde ? Elle n'était qu'une jeune fille faible et sans défense ; et pourtant, dès son jeune âge, aidée des lumières de sa raison, elle parvient à discerner la fausseté des maximes du monde. A l'aide de sa foi, elle sait mépriser les plaisirs de ce monde séducteur et sait défendre sa foi menacée, jusqu'à l'effusion de son sang. Mon but, en cette solennité, est donc de vous montrer sainte Barbe, triomphant des erreurs du monde, qui cherchent si souvent à nous séduire ; — des plaisirs du monde, qui tentent de nous corrompre ; — et des rigueurs du monde, qui s'efforcent de nous effrayer ; — et, par là, recevant la couronne immortelle promise à ceux qui ont légitimement combattu.

Daigne la vierge courageuse et puissante auprès de Dieu, qui reçoit, dans cette Eglise, un culte bientôt trois fois séculaire, et que, fidèles aux traditions que vous ont léguées vos pères, vous venez honorer, chaque année, avec un concours si édifiant et si empressé ; — daigne cette sainte que nous vénérons tous, prêtres et fidèles, nous assister dans ces quelques paroles destinées à redire, bien faiblement, ses luttes et ses triomphes.

I.

Nous ne saurions nous imaginer le triste état du monde avant la venue de Jésus-Christ. Abandonnés à leurs propres lumières et incapables de s'élever à la connaissance et à l'amour du vrai Dieu, les hommes avaient déifié leurs passions et rendaient à la créature un sacrilège hommage. De toutes parts, on voyait l'encens fumer devant des multitudes d'idoles, ouvrages de la main des hommes. De toutes parts s'étalait le honteux spectacle des vices les plus dégradants. Partout étaient répandues mille fausses maximes dont le monde se faisait autant de prétendues vérités et autant de principes incontestables. Mais Jésus était venu. Il avait établi sa religion sur la terre, et ses envoyés continuaient à répandre la vraie lumière dans tout l'univers. Si, à la voix des apôtres, on voyait des villes, des provinces, des peuples entiers, charmés par une doctrine si pure, brûler spontanément ce qu'ils avaient adoré jusqu'alors, on voyait aussi la persécution s'acharner contre une doctrine qui enseignait, pour aller au ciel, le renoncement à des passions qui ne flattaient que trop les vils instincts de la nature corrompue. Partout, sur l'ordre des empereurs, se dressaient des tribunaux et des échafauds, afin de comprimer l'élan sublime qui portait les peuples à déserter le culte du démon pour s'attacher à Jésus-Christ. Au nombre des provinces de l'Orient qui apportaient le plus de résistance à la grâce se trouvait l'Asie-Mineure, et, dans cette province, la ville de Nicomédie. C'est dans cette ville toute imprégnée des doctrines pernicieuses du paganisme que naquit la sainte qui fait l'objet de cette solennité. Roi, selon les uns, prince, selon d'autres, Dioscore, son père, était un des idolâtres les plus ardents et les plus fanatiques. Une pieuse tradition nous apprend que sa mère, qu'elle ne connut point, professait secrètement la foi chrétienne. Quoi qu'il en soit, à peine les premières lueurs de la raison se furent-elles manifestées dans cette enfant qu'elle se vit entourée de tout ce que le monde offrait de plus séduisant. Un palais somptueux, où s'étalaient toutes les splendeurs du luxe et de l'opulence ; des esclaves empressés à exécuter ses moindres désirs ; des maîtres choisis parmi les plus doctes ; et, par dessus tout, de nombreuses idoles placées dans tous les appartements : tels furent les objets sur lesquels Barbe fixa son premier regard. En fallait-il davantage pour attacher, à tout jamais, cette âme candide au monde et à ses vanités ? Heureux le pauvre qui naît dans une humble chaumière, privé des exigences du luxe, des habitudes de la mollesse ! De bonne heure, il saura apprécier le néant des choses d'ici-bas et s'attacher aux biens plus durables et plus solides de l'éternité. Mais que de dangers pour le salut au sein des cours ! Qu'ils sont rares, ceux qui vivent au milieu du monde comme s'ils n'y étaient point et qui en usent comme n'en usant point ! Mais ne craignons point que Barbe se laisse gagner par le monde. Ornée des plus belles qualités, il en est une surtout qui se manifeste en elle dès ses plus jeunes années : c'est une raison supérieure à son âge, jointe à la plus vive et à la plus remarquable intelligence. Elle ne tarde point à comprendre que cet éclat terrestre ne saurait donner le vrai bonheur. Et pourtant, on ne cesse de le lui répéter dans son entourage. Les flatteries dont on l'accable révoltent la droiture et la sincérité de son âme. Elle se voit l'objet de la plus tendre affection d'un père, fier, à juste titre, des dons dont elle est ornée ; mais elle voit, en même temps, ce père chéri, trop fidèle esclave du monde, consacrer sa vie entière à la poursuite des honneurs, au souci de maintenir son rang et d'augmenter ses richesses, et surtout à entourer ses idoles d'un culte mensonger, imbu de cette fausse maxime, si répandue de nos jours, que l'on ne vaut qu'à proportion de ce que l'on possède, et que celui qui ne sait se pousser et jouir des délices d'ici-bas n'est qu'un insensé. Pour complaire à ce père bien-aimé, elle s'adonne à l'étude. Mais les livres qu'on met entre ses mains ne sont que le résumé des systèmes extravagants des philosophes païens. On y enseigne la pluralité des dieux, esclaves des plus viles passions. On y fait consister le bonheur dans les satisfactions des sens ; dans l'abondance des richesses ; dans la possession des honneurs. La littérature n'est que la mise en action de ce matérialisme grossier. En un mot, cette enfant si bien douée ne voit autour d'elle ni humanité, ni charité, ni justice, ni probité, ni innocence.

Est-ce donc là, se dit-elle, la condition de l'homme sur la terre ? Cette vie est celle des animaux ; et, pourtant, par sa raison, l'homme doit leur être supérieur ! Que d'autres, à sa place, entourés de tant de dangers, eussent gardé, toute leur vie, l'empreinte des fausses doctrines qu'on s'efforçait de lui inculquer ! L'enfant n'est-il pas, comme une cire molle, susceptible de recevoir et de conserver les premières impressions qui lui sont données ? Ce lys d'une éclatante blancheur est, il est vrai, entouré d'épines ; mais il s'élève déjà au-dessus de ces épines meurtrières sans en redouter les atteintes. La pureté de son cœur égale la droiture de son jugement. Non, se dit-elle, les honneurs, les plaisirs et les richesses ne donnent point le bonheur. Et, ce qui l'en convainc de plus en plus, c'est la poursuite perpétuelle que font les mondains de ces biens temporels. S'ils étaient vraiment heureux, ne se contenteraient-ils point de ce dont ils jouissent ? Pourquoi rechercher constamment de nouveaux honneurs, de nouveaux plaisirs, de nouvelles richesses ? Pourquoi ces basses intrigues pour supplanter un rival ? Pourquoi ces injustices, ces vols, ces calomnies pour s'assurer la fortune et le plaisir au détriment de ses semblables ? Pourquoi ces amertumes, ces remords, ces déceptions qui déchirent le cœur de ceux qui semblent posséder tout ce qui peut, ici-bas, assurer la paix et le bonheur ? Elle voit ceux qui possèdent la fortune, la perdre parfois, par suite d'un de ces désastres si fréquents ici-bas. Elle voit ceux qui se livrent au plaisir, perdre leur santé et hâter leur mort ; elle voit ceux qui poursuivent les honneurs, tomber souvent dans une disgrâce imméritée ; et elle se dit que tous ces biens si vantés ne sont ni des biens réels, ni des biens durables. Et c'est là la religion qu'on lui enseigne ? Oh ! non ; les tendances si nobles, si pures, si élevées de son âme se révoltent contre une pareille doctrine. Pourquoi ces dieux auraient-ils mis en elle ces germes de vertus dont ils sont loin de donner l'exemple ? Pourquoi, du reste, cette multitude de dieux qu'on lui montre parfois en désaccord entre eux ? Un seul Dieu doit diriger le monde. Un seul Dieu doit avoir tout créé ; et ce qui le lui prouve, c'est cette parfaite harmonie qù'elle remarque dans la nature. Lorsqu'elle voit, au milieu des ténèbres de la nuit, le firmament parsemé de ces brillantes étoiles dont elle ne saurait évaluer le nombre, elle ne peut se persuader que cela soit l'œuvre de ces idoles d'or, d'argent ou de bois que les hommes ont formées de leurs mains, que l'on peut détruire en un clin d'œil, et qui n'ont ni vie ni mouvement quelconques. Comment ces idoles auraient-elles créé ce gazon verdoyant qui s'étend à ses pieds ; ces fleurs, aux couleurs si vives et aux senteurs si suaves, qui émaillent les prairies ; ces arbres, dont le feuillage touffu et les fruits savoureux se montrent et disparaissent à des époques réglées ? Tout cela l'étonne et la jette dans une incertitude qui la trouble. Aucun de ses maîtres si fameux ne peut résoudre les questions qu'elle leur pose. Son père lui-même ne peut voir sans crainte le travail continuel de cette jeune intelligence. Il redoute, dans son aveugle fanatisme, que les lumières du christianisme, qui se répandent de plus en plus, ne parviennent à pénétrer jusque dans sa demeure et ne lui ravissent l'âme de sa fille. Que penserait-on, en voyant le culte de ses dieux proscrit de son palais ? N'aurait-il pas à redouter l'indignation des empereurs, le mépris de ses concitoyens ? Et, dès lors, ne serait-il point exposé à perdre son rang, sa fortune et son crédit ? Il remarque, du reste, que Barbe, en avançant en âge, est ornée d'une éclatante beauté, et, malgré la perversité de son cœur, il comprend qu'il doit veiller, en père soucieux de sa charge, sur la conservation de l'innocence de sa fille, au milieu des dangers qui l'environnent. Ces diverses considérations le portent à lui choisir pour demeure une tour inaccessible et proche de son palais. Tout en s'appliquant à entourer sa fille bien-aimée de tous les raffinements du luxe et à lui donner un train de maison digne de sa naissance, il se flatte de l'avoir soustraite aux dangers du monde et surtout d'avoir arrêté, dans cette vive intelligence, la recherche de la vérité. Loin de se plaindre de sa solitude, Barbe, qui professe déjà pour le monde une souveraine horreur, y trouve un charme qui répond si bien à son esprit méditatif. Mais là, le doute et l'incertitude viennent de nouveau assaillir son âme. Bientôt elle ne doute plus qu'il n'y a qu'un Dieu ; elle l'invoque même, sans le connaître; mais elle voudrait en avoir une connaissance plus parfaite. Semblable à l'aiguille de la boussole qui se dirige naturellement vers le nord, c'est à dire vers le point qui doit guider une course incertaine au milieu des ténèbres de la nuit, cette âme droite est fixée vers l'éternelle lumière qui doit dissiper en elle les ténèbres du paganisme.

Le Seigneur, qui est venu sur la terre pour éclairer tout homme venant en ce monde, la laissera-t-il long-temps dans cette incertitude ? Ne veut-il pas le salut de ceux qui le cherchent dans la sincérité de leur cœur ? Ne fera-t-il pas, s'il le faut, un miracle, pour lui procurer sa connaissance et son amour ?... Un jour, la rumeur publique apprend à Barbe qu'il existe, non loin de là, un philosophe chrétien. Il se nomme Origène. Sa science et sa vertu font accourir autour de lui une grande multitude de disciples. Il enseigne une doctrine merveilleuse qui répand dans les cœurs le calme et la paix. N'est-ce point là celui qu'elle cherche et qui pourra lui donner la solution de ses doutes : Barbe veut s'en assurer, et, malgré la surveillance attentive dont elle est l'objet, elle parvient à lui faire tenir un message. A cette lecture, Origène admirant les merveilles de la grâce, tombe à genoux pour bénir le Seigneur et aussitôt il répond en quelques mots. Il donne, avec clarté, la notion d'un seul vrai Dieu, en qui sont trois personnes, et charge un de ses plus doctes disciples, porteur de son message, de donner, de vive voix, à cet enseignement succinct tous les développements qu'il comporte. Dieu dirige les pas de son envoyé. Malgré les périls auxquels il s'expose, il parvient à la tour. Quelle joie pour Barbe à la lecture de l'écrit du philosophe chrétien ! Avec quelle pieuse avidité elle recueille les détails qui lui sont donnés ! Rien ne lui échappe, et désormais son esprit a recouvré, pour ne plus le perdre, le calme qu'elle cherchait en vain. Qu'elle est fervente, sa première oraison ! Qu'elle est heureuse de chanter les louanges du Dieu seul digne d'occuper son cœur !

L'envoyé d'Origène s'est éloigné ; mais il a laissé les enseignements de son maître. Cet écrit est lu et relu. Barbe connaît désormais la foi chrétienne. Elle l'accepte sans hésitation. Mais, hélas! il est, pour toute créature humaine, une condition indispensable au salut. Nul ne peut être sauvé, s'il n'a reçu, avec le saint baptême, le caractère du chrétien et n'est devenu, par là, l'enfant de Dieu et de l'Eglise. Comment pourra-t-elle recevoir cette faveur insigne dans cette tour solitaire et au milieu des païens ? Comment tromper de nouveau la vigilance d'un père dont elle connaît le caractère farouche et sanguinaire ? Barbe gémit de cette difficulté ; mais elle sait aussi que Dieu ne refuse rien à la prière. A chaque instant, son cœur s'élève vers Dieu. Elle le conjure de donner le couronnement à l'œuvre qu'il a commencée et de combler ses vœux par la grâce du baptême. Longtemps elle persévère dans sa prière. Un jour, animée d'une soudaine inspiration, elle adresse à son Dieu une supplication plus pressante, le conjurant, avec larmes, de ne point lui différer plus longtemps la grâce insigne qu'elle sollicite. A peine a-t-elle terminé sa prière, que, tout à coup, une eau miraculeuse jaillit à ses pieds. Sur le bord de cette eau, apparaît à ses yeux étonnés et ravis celui qui eut le bonheur de verser sur le front de son divin Maître l'eau du Jourdain. Oui, c'est le saint précurseur, c'est Jean-Baptiste lui-même. Celui qui, de tous les enfants des hommes, fut le plus grand par sa sainteté, a la consolante mission d'ouvrir le ciel à cette âme angélique. Aussitôt, il répand sur ce front si pur l'onde baptismale ; puis tout disparaît. Barbe, ornée de la grâce sanctifiante, semble devenue une nouvelle créature. Elle est l'enfant de Dieu. Elle appartient à cette Eglise que l'on persécute avec tant de fureur. Ah ! pour défendre sa foi, elle se sent prête à tous les sacrifices. Que le démon vaincu essaie de nouveau de lui montrer ses plaisirs et ses honneurs, elle les méprise. Elle n'a rien à ambitionner désormais que le bonheur de conserver sa foi ; et, en dépit des tyrans, malgré les plus cruels supplices, elle saura se montrer chrétienne. Que lui importent les biens d'ici-bas ? Son divin Maître ne fut-il pas dénué de tout ? Ne fuyait-il pas la royauté ? Ne se dérobait-il pas aux acclamations enthousiastes des peuples reconnaissants : Quel admirable spectacle, pour toute la Cour céleste, que celui de cette jeune chrétienne qui a vaincu le monde dans ses erreurs ! Joignons-nous à notre tour aux anges et aux saints pour admirer ce premier triomphe et suivons Barbe dans sa seconde lutte contre le monde dans ses douceurs.

II.

Lorsqu'une violente tempète se prépare à fondre sur la terre, on voit le ciel se couvrir de sombres nuages. Bientôt l'ouragan se déchaîne avec fureur, répandant partout la ruine et la dévastation. La nature est couverte d'épaisses ténèbres. Les fleurs et les plantes s'inclinent vers le sol. Mais bientôt un soleil bienfaisant dissipe peu à peu les nuages amoncelés et ramène le calme et la sérénité. Ses rayons brillent au milieu de la voûte azurée du ciel, et les fleurs languissantes se relèvent, plus suaves et plus brillantes que jamais, sur leurs frêles tiges secouées par l'orage. Telle nous apparait Barbe, après son baptème. Le démon avait entassé les ténèbres autour de cette âme. Sous le poids des doutes et des incertitudes, cette tendre fleur semblait prête à périr. Mais le soleil de justice a brillé. Les doutes se sont dissipés, et on la voit, parée des plus belles vertus, dont le parfum, plus suave que celui des fleurs de la terre, répand sa bonne odeur dans la cour céleste. La douceur et la modestie relèvent sa remarquable beauté. Sa foi et sa piété lui font chérir de plus en plus sa paisible retraite. Mais Dioscore, frappé plus que personne des avantages dont la nature s'est plu à combler sa fille bien-aimée, pense que le temps est venu de la produire au milieu du monde. Il ne doute point que la noble et riche alliance qu'il lui prépare ne soit acceptée par elle, et ne soit, pour elle comme pour lui, un acheminement à de nouveaux honneurs. Animé de ces sentiments, il lui expose les projets qu'il a formés pour son établissement dans le monde. Il lui montre le relief que le choix qu'il a fait donnera à sa famille. Il ajoute que, parvenu au seuil de la vieillesse, il mourra content, s'il a assuré son avenir et maintenu son nom dans l'éclat et la grandeur qu'il s'est toujours appliqué à lui garantir. Il s'adresse à son cœur, toujours si tendre et si docile à ses volontés. Elle ne saurait résister à la nouvelle marque d'obéissance et de soumission qu'il lui demande. C'est bien là le langage d'un père ; mais c'est le langage d'un père selon la chair ; d'un père aveuglé par les soucis de la vie présente et qui ignore que sa fille chérie s'est entièrement consacrée à Dieu. Touchée de la bonté de son père, mais ferme dans sa résolution, Barbe répond, avec respect, que son vœu le plus ardent est de rester auprès de lui pour consoler sa vieillesse ; qu'une détermination du genre de celle dont il lui parle demande, d'ailleurs, de mûres réflexions. Elle allègue sa jeunesse, et son éloquence persuasive touche le cœur de Dioscore, sans le convaincre. Il compte sur le temps pour amener le résultat qu'il espère, et, pour aider à la réflexion, il se décide à entreprendre un lointain voyage. Pendant cet intervalle, Barbe se perfectionne dans la pratique de la sainteté. Combien elle eût désiré ranimer sa piété par la vue de quelque pieuse image qui lui rappelât les grâces insignes qu'elle a reçues de Dieu ! A défaut de ces signes extérieurs de notre sainte

religion, elle a obtenu, sans peine, de son père, avant
son départ, qu'une troisième fenêtre fût pratiquée dans
la tour où elle réside. Dioscore n'a point pénétré le sens
de cette demande. Mais Barbe, qui a voué un culte par-
ticulier à la sainte et adorable Trinité, voit, dans la
lumière de même nature qui pénètre à l'intérieur de
son appartement par ces trois ouvertures, distinctes et
égales entre elles, l'image de l'unité de la lumière divine
qui, par les trois adorables personnes de la sainte Trinité, éclaire et vivifie tous les hommes ; comparaison
bien imparfaite, sans doute, mais qui suffit à alimenter
sa foi. Sans cesse elle forme sur elle le signe de la croix.
Bientôt elle fait reproduire l'image de ce signe de notre
rédemption dans divers endroits de sa demeure, et, un
jour, animée d'une sainte audace, elle brise, sans pitié,
ces nombreuses idoles d'or, d'argent ou de bois qui
sont un perpétuel défi à la foi qu'elle professe. Sa vie est
une vie de prière, de retraite, de mortification et de
pénitence. Elle consomme ainsi peu à peu le sacrifice
entier qu'elle a fait des pompes et des vanités du monde.
Elle sait que les sacrifices de la vie présente, lorsqu'ils
sont faits généreusement, nous préparent à la récompense éternelle. Cette récompense, la seule qu'elle am-
bitionne, ne se fera point attendre. La paix qui règne
dans son âme lui en donne un avant-goût.

Dioscore est de retour. Plus décidé que jamais à
fixer le sort de sa fille, il vole à la tour avec empresse-
ment. L'amour filial ne s'est point éteint au cœur de
Barbe, et c'est avec une joie bien vive qu'elle revoit
l'auteur de ses jours, ce père dont elle voudrait, à son

tour, au prix des plus grands sacrifices, assurer le sort éternel. Mais, au milieu des épanchements de leur mutuelle tendresse, Dioscore jette un regard surpris dans toutes les parties de l'appartement. Que sont devenues ces chères idoles dont il avait pris soin d'orner sa maison? Pourquoi ces croix placées sans son ordre? Ah! le temps est venu, pour Barbe, de confesser sa foi. Elle le fait sans faiblir, et le ciel donne à ses paroles la force et l'onction propres à persuader un homme moins aveugle et moins endurci que Dioscore. Elle se proclame hautement chrétienne. Elle déplore l'idolâtrie d'un père qu'elle aime et qu'elle voit, avec douleur, asservi à un culte mensonger. C'est elle qui a fait disparaître ces vaines idoles et qui les a remplacées par le signe auguste de notre rédemption. A ces paroles, mille sentiments divers s'agitent dans l'âme de Dioscore ; mais son naturel farouche ne tarde pas à prendre le dessus. Il sait qu'il ne convaincra pas sa fille et qu'aucun argument ne saurait être employé pour ébranler cette intelligence si droite. Aussi, il ne peut se contraindre davantage. Ses dieux sont, pour lui, plus que la vie, et quiconque les outrage mérite la mort. On voit aussitôt ce père sans entrailles brandir son glaive, prêt à le plonger dans le cœur de son enfant. Elle s'enfuit, éperdue, bien moins pour éviter une mort qui doit lui ouvrir le ciel que pour épargner à son infortuné père le crime le plus horrible. Il se met à sa poursuite, à travers la campagne. Bientôt il va l'atteindre ; mais le ciel intervient. Un rocher infranchissable arrête sa fuite et va la livrer, sans défense, à la colère de son père. Mais Celui qui sut diviser les eaux de la mer Rouge pour sauver son peuple, divise aussi ce rocher qui livre passage à la courageuse jeune fille et reprend ensuite sa forme primitive. Qui n'aurait été frappé de cette intervention miraculeuse et n'aurait adoré la puissance divine ? Mais la passion, poussée jusqu'à ses dernières limites, ne saurait raisonner. Bien loin de renoncer à sa poursuite, Dioscore, plein de rage, contourne le rocher, et ne tarde pas à trouver sa fille, cachée dans une grotte sauvage, qu'une coupable délation lui a indiquée. Aussitôt il fond sur elle, la saisit, la traîne par les cheveux au milieu des ronces et des épines. Le sang jaillit de ce corps virginal, déchiré par les buissons épineux et les pierres du sentier. Mais, avant de lui donner le coup de la mort, ce père, au cœur plus dur que le rocher qu'il avait vu s'amollir, veut que sa fille abjure publiquement cette religion qui excite sa haine, et sans tarder, il la conduit au tribunal de Marcien, réclamant, contre cette enfant rebelle, toute la rigueur des lois.

Il ne suffisait point à Barbe d'avoir vaincu le monde dans ses erreurs. Nous venons d'admirer son sublime dédain pour les biens, les honneurs et les plaisirs d'ici-bas. Voilà sa seconde victoire. Mais ce monde, des douceurs duquel elle a si courageusement triomphé, ne saurait lui pardonner son mépris, et il va se montrer impitoyable envers elle. Voyons cette dernière lutte contre les rigueurs du monde, lutte suivie d'une si complète et si éclatante victoire.

III.

De même que l'agneau paisible suit, avec docilité, celui qui doit l'égorger, de même Barbe, conduite par son père, se présente devant le tribunal du gouverneur de la ville, encore meurtrie du traitement barbare que vient de lui infliger son père. Frappé de sa beauté et touché de sa jeunesse et de sa candeur, Marcien ne peut s'empêcher de reprocher à Dioscore sa cruauté. Il se persuade qu'il obtiendra, par la douceur, ce que Barbe 'n'a point accordé à la menace et à la barbarie. Il essaie de lui démontrer le tort qu'elle a eu de se laisser séduire par la vile secte des chrétiens, elle, la fille d'un si grand seigneur dont elle a contristé les cheveux blancs et qui avait pour elle une affection si tendre et si vive. Il lui rappelle, enfin, qu'une plus longue obstination la priverait de tous les avantages que devait lui assurer la noblesse de sa naissance, et qu'en se hâtant de sacrifier aux dieux, elle évitera une mort à la fois honteuse et cruelle. A ce langage insinuant, Barbe, ferme dans sa foi, a perdu sa faiblesse et la timidité de son sexe. C'est la femme forte et courageuse, et le Saint-Esprit va parler par ses lèvres. On lui demande un sacrifice à des divinités sans puissance et sans vertu ; à des démons ou à des hommes déshonorés par toute sorte de vices. Le sacrifice qu'elle offre, chaque jour, est un sacrifice de louanges à son Dieu, créateur du ciel et de la terre. Quant aux biens et aux avantages dont on lui parle, elle les méprise, comme la poussière qui couvre le sol. Elle ne désire et ne recherche que les biens véritables et éternels que lui promet Jésus-Christ, son Seigneur et son Dieu. Qui pourrait, à ces paroles, dépeindre la fureur de Marcien? Perdant toute mesure, il se livre, envers cette jeune chrétienne, à des excès tels que l'enfer seul peut les inspirer. Par ses ordres, une flagellation cruelle lui est infligée. Son sang, coulant à grands flots, inonde le pavé. Des ongles de fer déchirent son corps palpitant qui n'est bientôt qu'une plaie. A la vue d'un si horrible supplice, les assistants ne peuvent retenir des larmes de compassion. Mais Barbe, méprisant les tortures, élève la voix pour chanter les louanges de son Dieu. Qu'il est beau, ce chant virginal qui s'élève jusqu'au trône de la divine Majesté! Qu'il est touchant de l'entendre redire son bonheur! Plus elle montre sa joie, plus Marcien montre sa rage impuissante. Il la fait suspendre dans les airs, les pieds en haut, lui fait frapper la tête avec des marteaux de fer jusqu'à ce que le sang en sorte de toutes parts ; fait jeter sur ses plaies une couche épaisse de sel ; fait placer sur sa chair un rude cilice de crin et la fait rouler ainsi, toute meurtrie, sur des fragments de vases brisés. Il la fait, enfin, jeter dans une étroite prison, les pieds chargés d'entraves, afin qu'elle ne puisse prendre un seul instant de repos. Par là, le tyran croit avoir affaibli son courage. Mais, au milieu de la nuit, une lumière éclatante éclaire le sombre cachot. C'est Jésus lui-même qui vient consoler sa servante, affermir son courage, la guérir et lui promettre sa continuelle assistance. Il place sur son front une mystérieuse couronne, entremêlée de lys et de roses, symbole de celle qu'il va lui décerner au séjour des

élus. Le lendemain, Barbe comparaît de nouveau devant
le tribunal de Marcien. Etonné de sa prompte guéri-
son, le gouverneur veut lui persuader qu'elle en est
redevable à ses dieux. Il la presse de nouveau de leur
offrir un sacrifice de reconnaissance. Barbe ne peut entendre cette sacrilège fourberie sans indignation. « Non,
s'écrie-t-elle, ce ne sont point vos dieux chimériques
qui ont accompli ce prodige. C'est Jésus-Christ qui, par
sa toute puissance, a cicatrisé mes plaies. C'est lui qui
me ressuscitera et me fera vivre éternellement heureuse
avec lui. » Marcien, exaspéré, sent qu'il n'a plus rien à
ménager. Il fait renouveler, avec un plus grand achar-
nement, les tortures de la veille et y fait ajouter des
tourments plus terribles encore. Après qu'une grêle de
coups a de nouveau brisé, en quelque sorte, le corps
de la sainte martyre ; après que les ongles de fer ont, une
seconde fois, déchiré et confondu entre elles ses plaies
sanglantes, elle est étendue sur un chevalet. On lui
brûle les côtés avec des torches ardentes et des lames de
fer, rougies au feu, lui sont appliquées sur tout le corps.
Mais plus les supplices redoublent, plus l'intrépidité de
l'héroïne semble grandir. Unie à son Dieu, elle parait
insensible à ses tortures. Une prière continuelle sort de
ses lèvres. Le démon semble s'être emparé du cœur de
Marcien. Sa barbarie n'est point encore satisfaite. Il la
fait mutiler avec des tenailles ardentes, et, en cet état,
ordonne qu'elle soit promenée à travers les rues et les
places de la ville, et frappée sans cesse sur ses plaies
vives. Devenue un objet d'horreur, elle prie ardemment
son Dieu de la dérober aux regards effrontés d'une vile

populace. Aussitôt ses vœux sont accomplis. Guérie, une seconde fois, de toutes ses blessures, elle paraît comme revêtue d'un ample vêtement qui, non seulement la dérobe à tous les regards, mais qui éblouit encore les yeux de ses gardes. A ce miracle inattendu, Marcien, stupéfait, semble avoir perdu l'usage de ses sens. Barbe en profite pour lui reprocher son aveuglement et l'abus qu'il fait des grâces de conversion que ces prodiges lui offrent. Irrité de ces justes reproches, le juge voudrait ordonner de nouveaux tourments ; mais, obligé de s'avouer vaincu, il pousse des cris de rage et de désespoir. Il la traite de magicienne et de séductrice, et de crainte de nouveaux prodiges, il ordonne que l'on tranche, au plus tôt, la tête de cette vierge indomptable. En entendant la sentence de sa mort, Barbe ne peut dissimuler son allégresse. Pendant deux jours, elle a soutenu, sans faiblir, les plus cruelles tortures. Le troisième jour va être celui de sa gloire éternelle, heureuse d'avoir, par trois jours de souffrances, rendu un sanglant et fidèle témoignage aux trois personnes de l'adorable Trinité qu'elle a si souvent honorées pendant sa vie. Qui ne croirait qu'à la vue de ses tortures, son père ne se fût enfin attendri et que de ses yeux n'eussent coulé d'abondantes larmes ? Ah ! ce serait bien peu connaître ce cœur endurci que de lui supposer un instant d'attendrissement. Non seulement il a assisté, impassible, à ces scènes de carnage, mais on le voit s'avancer hardiment près du tribunal ; réclamer la charge d'exécuter lui-même la sentence de mort et de trancher la tête de celle à qui il a donné la vie. Que lui importent les cris d'horreur qui accueillent cette monstrueuse demande : c'est un tigre altéré de sang. Quelle douleur pour Barbe, de voir son père disposé à se souiller d'un si grand crime ! Mais ce sentiment, si naturel, fait place à un recueillement profond. Elle va dans la maison du Seigneur ! cette pensée l'absorbe. Mais elle pense aussi à tant d'infortunés qu'une mort imprévue jettera dans l'éternité sans qu'ils aient pris le temps de se préparer à comparaître devant l'inexorable justice de Dieu. A ceux qui l'invoqueront pendant leur vie, elle supplie son Dieu d'accorder, à leurs derniers moments, les sacrements qui purifient et qui sauvent. Puis elle reçoit le coup de la mort, et, en même temps, la palme et la couronne que lui assure sa victoire sur le monde et le démon.

Barbe a quitté la terre ; mais le Seigneur ne tarde point à la venger. Couvert du sang de sa fille, Dioscore, triomphant, s'achemine vers son palais. Tout à coup il entend la foudre gronder au loin. Agité d'un sombre pressentiment, il précipite sa marche. Mais plus il se hâte, plus la foudre se rapproche et bientôt ce père dénaturé tombe foudroyé.

Faut-il redire, maintenant, les honneurs rendus, depuis des siècles, à la mémoire de sainte Barbe ? Depuis sa glorieuse mort, son culte n'a cessé de se répandre ; son nom n'a cessé d'être invoqué, et son tombeau d'être visité. De toutes parts, se sont érigées des confréries, destinées à chanter ses louanges et à obtenir sa puissante protection. Qu'elles sont nombreuses, les localités de notre catholique province qui dédièrent des chapelles et des oratoires à cette illustre martyre ! Mais, sans sortir de cette pieuse paroisse, pourrions-nous, mes bien chers frères, n'être pas justement fiers de notre confrérie de Sainte-Barbe, qui se présente à nous avec un passé bientôt trois fois séculaire? Depuis l'année 1603, c'est-à-dire depuis deux cent quatre-vingt-quatre ans, les louanges de sainte Barbe n'ont cessé de retentir dans cette Eglise. Que ne puis-je, en ce moment, dérouler à vos yeux les intéressantes annales qui mentionnent, avec une admirable fidélité, les noms de tous les prieurs et de tous les associés de cette antique confrérie ! Vous y verriez, d'abord, les noms de ces cent quatre habitants de Saint-Julien, appartenant au clergé, à la noblesse, à la bourgeoisie et à la classe des artisans, qui, réunis dans cette église, se vouent, avec une touchante unanimité, au culte de sainte Barbe, pour obtenir la grâce d'une heureuse mort. Vous y verriez aussi ces statuts pleins de sagesse, dont la plupart sont encore en vigueur. Vous suivriez, avec un intérèt croissant, les progrès rapides de cette confrérie, et, dans les noms de nombreux associés qui se succèdent d'année en année, un grand nombre d'entre vous retrouveraient, avec un légitime orgueil, les noms de leurs pieux ancêtres. Vous constateriez les dons et les rentes dont nos pères, si pleins de foi, se plaisaient à enrichir leur chère confrérie et les embellissements dont ils comblaient leur chapelle. Mais une instruction ne saurait suffire à redire ces faits si touchants. Espérons qu'il nous sera donné, sous peu, avec votre bienveillant concours, de publier ces documents si précieux pour notre foi. Pourquoi, en présence de cette pieuse association, nous étonnerions-

nous de voir notre paroisse toujours si fidèle à sa foi ?
Sainte Barbe n'a-t-elle pas veillé, avec un soin parti-
culier, à la conservation, parmi nous, de cette foi, pour
laquelle elle avait donné sa vie ? Ce précieux héritage,
nos pères nous l'ont transmis intact. Sachons le conserver, surtout à notre époque si tourmentée, où l'enfer
emploie tant de moyens pour déraciner cette foi du cœur
des hommes. Ne craignons pas, pour la défense de
notre religion, de repousser les erreurs et les fausses
maximes du monde; car elles règnent, aussi nombreuses
qu'au temps du paganisme, où l'on semble vouloir nous
ramener. Ne craignons pas de résister aux plaisirs dan-
gereux que le monde a semés, de tout temps, sur les pas
des hommes, pour les séduire. Ne craignons pas, enfin,
de nous montrer ouvertement chrétiens, en dépit des
moqueries et des sarcasmes que le monde emploie si
fréquemment. Nous avons frémi, à la pensée des hor-
ribles tourments infligés à notre sainte patronne. Notre
délicatesse s'accommoderait mal de ces tortures inouïes;
et, pourtant, une jeune fille faible et délicate les a en-
durées avec un courage puisé dans le cœur du Dieu qui
nous a dit, à tous : « Ayez confiance : j'ai vaincu le
monde. » Aujourd'hui, sainte Barbe vous répète cette
parole consolante. Elle vous appelle à sa suite, prête à
vous accorder la protection qu'elle a accordée à vos
pères, pendant leur vie et au moment de leur mort. Ah !
si noblesse oblige, quelle plus belle noblesse que celle
de la foi léguée par nos ancêtres ! Plaise à Dieu que
cette chère confrérie recueille, chaque année, un nombre
de plus en plus croissant d'adhérents et qu'elle continue

à honorer cette paroisse, en y maintenant les pieuses traditions qui ont fait sa gloire ! Ce sera la consolation du digne et vénéré pasteur qui vous consacre, avec tant de dévouement et d'amour, ses soins et ses peines. Ce sera la consolation de tous ces vénérables prêtres qui viennent, chaque année, s'édifier de votre piété et qui sont heureux de voir une grande partie de leur troupeau s'associer à eux pour marcher sous les étendards de notre illustre sainte. Ce sera, enfin, pour vous, un accroissement de grâce et de sainteté et un acheminement vers cette patrie bienheureuse, qui sera la récompense de vos combats et à laquelle sainte Barbe vous convie. — Ainsi soit-il !

DOLE. — TYP. CH. BLIND.

www.ingramcontent.com/pod-product-compliance
Lightning Source LLC
LaVergne TN
LVHW012106170726

843501LV00008BC/2776